AF290050

Cover: DS Unterwalden verlässt Weggis Richtung Luzern, im Hintergrund Pilatus. Aufnahme vom 6. Juli 2011

© Text: 2024 Magdalen Mary Pemberton
© Photo: 2024 Magdalen Mary Pemberton
3. Auflage
Herstellung und Verlag: BoD - Books on Demand, Norderstedt
ISBN 9783844803051

Veduten I-V

Lyrische Impressionen der Schweizer Reisen
2011-2015

Für meinen Bruder Nic (1956-2013)

Allen gewidmet, die in diesen Jahren
Freud und Leid mit mir geteilt haben

Veduten I, 2011

**Bilder und Augenblicke
rund um Luzern
und den Vierwaldstättersee**

Tage in Kriens

Die Gräfin vom Park Hotel Vitznau

DS Unterwalden

Blick von der Stadtmauer

Diva, die Obermatt-Katze

Der Bürgenstock

Weggis

Im Zeichen des Krans

Der Weg endet hier

Bei den Dohlen

Nachklang

<u>Tage in Kriens</u>
- Mai 2011

Die alten Häuser träumen vor sich hin,
Doch diese Tage sind bereits gezählt.
Man hat für Gemütlichkeit "Fortschritt" gewählt.
Kein Zufall, dass ich jetzt in Kriens bin?

Die alten Bauern trinken Schnaps und Bier;
Das Beizli steht am Eck, das Dach braunrot,
Und Hans, der Wirt, gibt mir Arbeit und Brot.
Es ist noch unverfälscht und heimelig hier.

Hoch oben wacht Pilatus, mahnend schon.
Noch wagt es keiner, ihn zu demolieren!
Wir wissen erst zu spät, was wir verlieren.
Kriens erstickt in Klötzen von Beton.

Ich bin die Zeugin der gezählten Zeit,
Und mein Gedicht gilt für die Ewigkeit.

- Sonett -

*An Hans Gertsch und Team sowie alle Stammgäste des
ehemaligen Restaurants Neuhof, Kriens*

Die Gräfin vom Park Hotel Vitznau

Hinter einem feinen Schleier
Ruht die Gräfin, grau und alt.
Fort sind ihre reichen Freier,
Und ihr Körper ist schon kalt.

Behutsam, das Metallgerippe
Fasst sie fest, dass sie nicht fällt.
Doch um ihre blasse Lippe
Schon ein Hauch von Hoffnung weht.

Ihre hohlen Augen werden
Wieder glänzen! Denn sie weiss:
Schleier, Trauer, Tod verbergen
Neugeburt und Herrlichkeit.

DS Unterwalden

Unterwalden! Schiff meiner Träume!
Zweimal Auferstandene, Du!
Eleganz und Kraft in den Rädern -
Du begeisterst mich immerzu.

Meisterwerk von hunderten Händen,
Meisterstück aus Stahl und Holz!
Herrscherin des schäumigen Wassers
Und des Vierwaldstättersees Stolz.

Lange bangten wir um Dein Leben,
Und Du wurdest bitter beweint.
Zweimal siegte Dampf über Diesel,
Denn Deine Freunde sind vereint.

Überall, beim Klang Deiner Pfeife,
Werden die Herzen zu Dir gelenkt.
Liebe begleitet Dich! Schönste der Schiffe,
Zweimal wurdest Du uns geschenkt!

*Für Dampfschiffkapitän a. D. Hans-Peter Mosimann
sowie für die "Dampferfreunde Vierwaldstättersee"*

Blick von der Stadtmauer über Luzern und den See
- MS Rütli läuft aus

Klar übers Wasser pfeift die Rütli!
Ich stehe auf dem Männliturm
Und höre sonst wenig vom See,
Von der Stadt,
Nur fernes Summen.

Ungeordnete Dächer, die schützende
Kurve des Flusses, Kirchen,
Türme, Brücken -
Und um die Stadtmauer
Nur friedlicher Vogelgesang.

Winzige Spielfiguren auf dem See,
Scheinen die Schiffe
Zu erstarren,
Von unsichtbarer Hand gelegt
Auf unmarkierte Spielbretter …

Unverwechselbar, selbstbewusst,
Dreimal ruft die Rütli! Schon
Hat das Spiel sich aufgelöst;
Das Bild
Beginnt von neuem.

Diva, die Obermatt-Katze

Divali dreht ihre Runde,
Divali steht mit dem Mattgeist
Im Bunde.

Divali läuft dreimal ums Haus,
Divali findet und tötet
Die Maus.

Divali putzt ihr Fell,
Ihre Farben sind Mokka
Und Crème Caramel.

Divali schweift mit dem Ringelschwanz,
Divali dirigiert
Den kosmischen Tanz.

Divalis hellgelbe Augen
Können den Mattgeist
Siebenmal verzaubern.

Divalis kleine Krallen
Können die kühnsten
Kobolde fangen.

Divali schnurrt an meiner Hand;
Divali ist die Schönste
Im ganzen Land!

Der Bürgenstock
- Abends von meinem Fenster in Vitznau aus
gesehen; der Hammetschwandlift leuchtet

Eine ausgestreckte Sphinx bist Du,
Mir längst vertraut, doch
Unnahbar, unbezwingbar.
Reglos liegst Du
Zwischen Rigi und Pilatus,

Dem See vor Urzeiten gewaltig
Entstiegen. Dunkler Smaragdsamt
Bedeckt Dich, ein zarter Wolkenhauch
Umspielt Deine Schulter.
Dein Blick mir abgewandt

Schaust Du ewig gegen Westen.
Mit Würde trägst Du Deinen
Abendschmuck - goldschimmernde
Perlen an einer Nadel, seitlich
Ins Haar eingesteckt.

<u>Weggis</u>
- Das unvollendete Gemälde

In Weggis sind die Farben anders; Licht
Liebkost die Rosen, streichelt sanft das Gras.
Verwandelt ist das Rot, das Grün, verspielt -
Vom See intensiviert, so glatt wie Glas.

In stetiger Veränderung vergeht
Der Tag, vom Morgengrauen an durchdacht.
Blassrot bis Rot mit Goldpurpur belegt;
Mattgrün bis Silbergrün der Mondesnacht.

Wie viele Jahre braucht die Schöpfung noch?
Wie lange brauchen wir, bis Augen, Herz
Und Pinsel diese Pracht erfassen? Doch
Das Grün des Mai gleicht nicht dem Grün des März …

O, Traum und Alptraum jedes Malers! Nur
Der Dichter ist der Chronist der Natur.

- Sonett -

<u>Im Zeichen des Krans</u>
- Die Gegend um Kastanienbaum *

Gespenstisch ist die Sonntagsruhe,
Denn hier wird nicht gebetet.
Über die Stille dominieren
Unerbittliche Metallskelette.
     Die Blinden knien stumm
     Vor dem Zeichen des Krans.

Dort grasten Schafe! Doch
Das Gras ist weg, die Schafe tot.
Die Kräne lauern, unheimlich
Geknickte Kreuze.
     Zeichen der Zerstörung -
     Oder Symbole der Hoffnung?

stellvertretend für viele Uferorte

<u>Der Weg endet hier</u>
- Das Gasthaus Obermatt

Das Bauernbuffet, achtzehnhundertdreissig,
Verrät seine Geheimnisse nicht mehr.
Wenn's regnet, ist es hier fast menschenleer.
Die Uhren sind verstummt. Der Wind bläst eisig,

Doch Hugo bringt den Nauen und die Ware.
Der Wein wird ausgeschenkt, der Tisch gedeckt,
Und abends wird vom Grossvater erzählt
Und wie die Katze klagte, als er starb.

An heissen Tagen klirren laut die Gläser!
Die sommersatten Rosen stehen prall -
Kohlweisslinge, Libellen überall!
Und Schafhirt Toni mäht die hohen Gräser …

Die Uhren blieben hier schon mehrmals stehen;
Und morgen wird es Zeit für mich zu gehen.

- Sonett -

<u>Bei den Dohlen</u>
- Septembertag auf dem Pilatus

Ich hab den ersten Schnee in den
    Händen gehalten,
Die letzten scheuen Blumen
    Noch gesehen.

Mit den goldschnabligen Dohlen
    Hab ich gesprochen,
Die keck und sicher leckere
    Bissen stehlen.

Am Echoloch hab ich nach dem
    Drachen gerufen,
Umsonst den sagenumwobnen
    See gesucht.

Und Du, Pilatus, hast meine
    Schritte getragen;
Dein edler Geist wird doch nicht
    Mehr verflucht.

Die Dohlen haben Dich schon immer
    Fräkmünt genannt.
Und ich - ich hab Dich damals
    Auch gekannt.

Nachklang

Es glitzert der See,
Er verführt zum Bade,
Ich träumte die Tage
Am schönen Gestade.

Ihr Berge, lebt wohl!
Ihr sonnigen Weiden!
Der Sommer ist hin,
Der Dichter muss scheiden.

Veduten II, 2012

**Bilder und Augenblicke
rund um Luzern
und den Vierwaldstättersee**

Disney-Berg

Katze auf einem Feld bei Giswil

Spuren im See

Der übersehene Löwenzahn

DS Uri

Nicht mal Berge

Eine Zeit nach dieser Zeit

Von innen verfault

Skizzen

Alpensegler um den Wasserturm

Der Weg zurück

Nachklang

Disney-Berg

Schafft die Murmeltiere fort!
  Die kosten zuviel Geld.

Sprengt die Berge zurecht!
  Sie rentieren sich - so - nicht.

Stellt ausgestopfte Tiere hin!
  Die brauchen kein Gehege.

Baut alles nach, aus Plastik,
  Pflegeleicht und billig!

Noch besser: Malt es, zweidimensional,
  Auf Leinwand!

Verkauft's auf bunten Ansichtskarten!
  Wer wird den Unterschied schon merken?

Neue Luzerner Zeitung, 21. April 2012: "Murmeli kommen nicht zurück ... Die Kosten sind zu hoch ... Vorläufig bleiben die Tiere auf dem Grimselpass ..."

Die neue Cabrio-Bahn auf dem Stanserhorn kostete 28,3 Millionen Franken, 3,4 Millionen mehr als geplant. Während des Baus wurden die Murmeltiere "ausquartiert". Dann hiess es, es sei zu teuer, sie zurückzuholen. Später fand man dafür Sponsoren.

<u>Katze auf einem Feld bei Giswil</u>
- Kanton Obwalden

Katze auf dem warmen Feld -
Schwarz, Weiss und Gold auf Grün.
Ein ungetarnter Farbfleck, Du,
Für mich
Aus weiter Ferne sichtbar.

Katze, herrsche über Deine Welt!
Schwarz, Weiss und Gold auf Grün.
Auch mich hat einer fest im Blick.
Die braunen Mäuse
Schmecken köstlich.

<u>Spuren im See</u>
- Blick vom Bürgenstock hinunter

Das Wasser vergisst nicht,
   Das Wasser verrät uns.
Wer seine Oberfläche berührt,
   Hinterlässt unverwischbare Spuren.

Es gibt kein Zurück, sind
   Die Linien erst gezeichnet.
Das Wasser gibt nach, legt
   Falten in blassblauer Seide.

Das Wasser lügt nicht.
   Der geringste Gedanke trifft
Den ganzen See. Und ist
   Die Ente noch so klein …

<u>Der übersehene Löwenzahn</u>
- Im April mit der SBB unterwegs

Sie sehen gleich aus, sind es aber nicht.
Wie schnell der Zug, wie kurz der Augenblick!
Wer hat Musse genug, das zu begreifen -
Und schaut genauer hin, statt weiterzureisen?

Münzen aus Sonnengold, auf jedem Feld
Verschwenderisch verteilt. Das ist mit Geld
Nicht zu bezahlen. Oder sind wir blind?
Die sind nicht wertlos, weil sie zahlreich sind!

Wo ist die schönste Blume, blüht sie noch
Für mich? Ich hab sie übersehen! Doch
Kein Wachsen, Blühn, Verwelken ist umsonst …
Komm, lass uns alle zählen! Dann, betört

Von Farbe, gibt es nichts als Löwenzahn;
So gelb, so gelb, dass man es spüren kann.

- Sonett -

<u>DS Uri</u>
- Sonnenuntergangsfahrt

Das Pochen Deines Herzens
Wird mich lange begleiten, bis
In den Schlaf hinein.
Ich blicke vom Quai zurück
Auf Deine stille Silhouette

Und träume noch
Von der Geborgenheit Deiner Brust
Und vom Duft des warmen Öls.
Die Sonne sinkt; die Spannung
Lässt nach. Ruhe Dich aus!

Und wär ich eine Maus,
Tät ich heimlich wieder an Bord hüpfen,
Mir eine Nische suchen; um mit Dir
Zusammen zu wachen
Bis zum Sonnenaufgang.

Nicht mal Berge
- Verwitterung am Stanserhorn

Sieh im Mann das Kind, den Greis,
Sieh des Lebens ganzen Kreis.

Weile nie im Augenblick,
Lieb kein lächelndes Gesicht.

Nichts kann so sein, wie es ist,
Morgen weiss nicht, wer Du bist.

Sturm und Frost richten ihr Werk,
Schwach wird auch ein starkes Herz.

Rote Lippen werden bleich,
Nicht mal Berge bleiben gleich.

Zukunft und Vergangenheit
Sind durch dieses Wort geteilt.

Eine Zeit nach dieser Zeit

O, lass die Bauernhäuser nicht verfallen,
Verachte nicht die alten, schiefen Scheunen!
Holzställe, wo die Kuhglocken erschallen -
Reiss sie nicht ab, wir werden's doch bereuen!

Tisch, Stuhl und Bett, Geschirr und Truhe - reichen
Reichtümer nicht? Verbauen wir den Himmel?
Und sollen Tradition und Weitsicht weichen
Der teuren Technik unheilvoll Gebimmel?

Das Wasser müssen wir mit hohlen Händen
Schöpfen; die Uhren selbst aufziehn. Die Frommen
Befestigen längst Zeichen an den Wänden.
Es kommt die Zeit nach dieser Zeit. Es kommen

Noch Jahre voller Dunkelheit und Sterne.
Wir werden wieder Feuer machen lernen.

- Sonett -

Von innen verfault
- Für Mark Twain in Weggis

Bühlegg. An Scheusslichkeit
  Unübertroffen.
Man hätte Dir den Baum
  Gelassen, o ja.

Doch der gab den Geist
  Von selber auf.
Man wagt es noch, mit Deinen
  Worten zu werben -

Du würdest die Gegend jedoch
  Kaum wiedererkennen.
Ich sitze an Deiner Stelle
  Und schreibe nun für Dich.

Gott weiss, was man hier nach mir
  Wird schreiben können.
Am Ende bleiben eh nur
  Phrasen übrig.

Der Baum ist am 10. Juni 2012 ins Wasser gefallen. Er war von innen verfault. Am Tag danach, ohne davon zu wissen, bin ich dorthin gegangen, um an einem geplanten Gedicht für Mark Twain zu arbeiten.

Mark Twain schrieb 1897 über Weggis, "This is the charmingest place we have ever lived in for repose and restfulness".

Mit der Zentralbahn durch "Lopper 1"

Immer nur hindurchschiessen,
    Ohne je
Auf Deine Stimme zu hören.

Das Stanserhorn
- Vom See aus gesehen

Leicht auf der linken Seite liegend,
    Leise atmend, ruhend.
Wie ein wohlwollender Hund.

Im Melchtal

Hier haben sich einst
    Mächtige Götter ausgetobt. Aber
Bis ins letzte Detail.

Alpensegler um den Wasserturm
- Abends in Luzern

Zeichnungen, die zu flüchtig sind
   Für unsere trägen Augen;
Vögel um den Wasserturm
   Weben neu den Zauber.

Flinke Pfeile, flicken sie
   Zerrissene Zeit zusammen;
Schon entsteht die Kapellbrücke
   Vor dem Raub der Flammen.

Leichte Pinselbewegungen
   Wirbeln durch die Luft;
Wie eine Fata Morgana
   Kehren die Bilder zurück.

Eis wird Wasser, Wasser Eis.
   Wird aus Nebel Tau?
Wird aus Asche wieder Holz?
   Fragen lösen sich auf.

Insekten in der Dämmerung
   Lassen jetzt ihr Leben,
Und der Alpenseglergesang
   Ist Abendfluch und Segen.

<u>Der Weg zurück</u>
- Schiffstation Kehrsiten-Bürgenstock

Viel früher stand die schöne Jukebox dort;
Wir spielten "Grüezi wohl, Frau Stirnimaa!".
Wir schafften damals in Kastanienbaum -
Das war im Jahre Zweiundachtzig. Fort

Sind auch die Freunde von Zweitausendelf,
Als Baierli, der Hund, den Kaffeerahm
So gerne schleckte, Felix den Fahrplan
Auswendig wusste, während Josy auf

'Nen Plausch vorbeikam. Toni zapfte Bier,
Und Arno, Jakob, Kurti führten mich
Den Berg hinauf. Der Sommer schien ewig.
Doch Strandbad, Bistro, Bergbahn stehen leer ...

Es war für mich der liebste Fleck auf Erden.
Wer weiss, wann wir uns wiedersehen werden.

- Sonett -

<u>Nachklang</u>

Es flüstert der See,
Er ruft mich zum Bade.
Verträumt sind die Tage
Am schönsten Gestade.

Ihr Berge, lebt wohl!
Ihr sonnigen Weiden!
Der Sommer ist hin,
Der Dichter muss scheiden.

Veduten III, 2013

**Bilder und Augenblicke
im Safiental
und in der Surselva**

Erste und letzte Hoffnung

Zukunftsvision

Chriesi-Katze

"Urneni-Säumer"

Geflügelte Gedanken

Weg zum Wasserfall

Vom Wind verweht

Skizzen

Septembernebel

Herbstlied des Jägers

Nachklang

Erste und letzte Hoffnung
- Friedhof Safien Platz

Der letzte Schnee. Erste Primeln. Ein Bub,
Der mit sechs Jahren starb. Auf seinem Grab
All seine Spielzeuge. Ich gehe weiter,
Lese Familiennamen, stets die gleichen.

Wer weiss, wie viele hier begraben sind?
Der Friedhof bietet tapfer Schutz; das Kind
Liegt gut, umgeben von Erinnerung.
Die ersten und die letzten Hoffnungen …

Das Grab ist klein; doch heuer wär der Sohn
Schon zwanzig. Nur die Eltern wurden grau.
Die Uhren sind verkehrt auf dieser Welt.
Die Herbstzeitlosen werden blühn, es fällt

Gewiss auch frischer Schnee. Die Jahreszeiten
Kehren zurück - wir aber kehren heim.

- Sonett -

<u>Zukunftsvision</u>
- "Bauparzellen zum Verkaufen"

Die Farbe Grün vermag nicht zu gefallen.
Die Ziege wird als zwecklos abgeführt.
Die reine Luft wird zum Verkauf geboten,
Bezahlt, und hinter Mauern weggesperrt.

Und ist es wahr? Das Land sei wenig wert,
Wenn man nicht darauf bauen kann? Betrogen
Wird nun selbst Gott! Wer sagt, wem was gehört?
Bald gegen Gold wird Erde aufgewogen …

Zum Schluss gab's Geld wie Heu, Papier statt Gras,
Und Futtertröge voller Frankenscheine.
Die Schafe schieden hinten Münzen aus,
Die Tiere wurden starr wie Frankensteine.

Denn Kühe können Beton nicht verdauen,
Noch werden Menschen Metall je zerkauen.

- Sonett -

Es heisst, dass alle zwei Stunden ein Stück Land der Grösse eines Fussballfelds verbaut wird. Grünflächen schwinden.

<u>Chriesi-Katze</u>
- Für Chriesi, eine Versamer Bauernkatze

Chriesi-Katze, Chliini, Du!
Weich und flauschig, duftend nach Kuh!

Wartest auf mich nach Füürobig,
Springst mir freudig in die Arme.

Flüsterst mir ganz aufgeregt,
Was Du an dem Tag erlebt.

Wie Orangenmarmelade
Ist Dein Fell, ist Deine Farbe.

So viel Leben, so viel Liebe
Eingepackt in Chliini-Chriesi!

Für Familie Abraham Buchli

<u>"Urneni-Säumer"</u>
- Schwarzweissphoto des letzten Glaspass-Säumers

Eingerahmt sind Pferd und Mann.
Ihre Arbeit ist getan.
Reglos schauen sie mich an,
Ahnend - ist's der letzte Tag?

Alles ist zurechtgemacht,
Aufmerksam, mit leisem Stolz.
Nur die Farben sind verblasst;
Grau ist auch das Laub, das Holz …

Sah ich sie am Glaspass oben
Einst in einer Juninacht?
Ruhig trug das Pferd die Fässer,
Und "Urneni" führte sacht.

Wenn der Mond den Wegen leuchtet,
Wenn die Sterne schimmern klar -
Höre ich vertrautes Wiehern -
Spür ich sicher: sie sind da.

Aus dem Bild heraus geschritten
In den milden Silberschein;
Ewig bleiben sie zusammen,
Wie in jener fernen Zeit …

Josua Zinsli heisst der Säumer.
Wie sein Pferd heisst, weiss ich nicht;
Doch der Blick ist sehr lebendig,
Und die Mähne noch gekämmt.

*Das Photo wurde vor ca. 1880 gemacht. Es hängt im
Rätischen Museum, Chur.*

Geflügelte Gedanken
- *A Trun sut igl ischi, fenadur*
- Unter dem Ahornbaum zu Trun, im Juli

Ich brauchte nur genauer hinzuschauen.
Tausend Gedanken, zart und noch geschützt
Unter den kühlen Blättern. Flügelfrucht
Des stolzen, unsterblichen Ahornbaums.

Und wenn sie fallen, werden sie sich drehen,
Dem Wind vertrauen, sich verstreuen - wohin?
Sie werden überleben Sturm und Blitz,
Sie finden ihren Platz - ja, lass sie gehen!

In jedem Samen wohnt die Ewigkeit -
Geheimnisvolle Buchstaben des Lebens!
Auch Zuhören will ich jetzt neu erlernen,
Denn Deine Stärke ist Verschwiegenheit.

Noch kann ich Deine Worte nicht verstehen.
Doch weiss ich: Deine Sprache wird bestehen.

- Sonett -

Weg zum Wasserfall
- Tenna

Dort, wo die Dorflaternen aufhören,
Dort fängt der Weg schon an. Die Dunkelheit
Wird greifbar. Hütten, die sonst Sicherheit
Versprechen, wirken bedrohlich, stören.

Es ist zu spät, um Angst zu haben. Nacht
Verstärkt jedes Geräusch, macht jedes Tier
Zum Freund. Ich bin ja längst kein Fremder hier;
Die Finsternis birgt keine Schreckensmacht.

Es gibt nur einen Weg zum Wasserfall.
Ich kenne jede Wendung, jeden Stein.
Nur ohne Licht geht man ins Licht hinein,
Geführt noch von des Rauschens Widerhall.

Und immer weitergehen, weitergehen;
Am Ziel dann nichts mehr hören, nichts mehr sehen.

- Sonett -

1654 m ü. M.

<u>Vom Wind verweht</u>
- *Plaids svani*
- Verschwundene Worte

Wie das Lachen eines Baches,
Von der Quelle frisch gemünzt;

Wie der Flammen helle Zungen,
Knisterfunken, rote Glut;

Und wie Regenbogentöne,
Wie des Himmels Harfenklang;

Wie der Zauberschall der Glocken
Über Wiesen, Hof und Tal …

Schwindet Schönheit ohne Worte -
Wie Goldstaub, vom Wind verweht.

Tobel im Safiental

Das Wasser stürzt niemals
  In einer geraden Linie
Hinunter.

Q.E.D.
- Wiesen-Margueriten, Tenna

Millionen perfekte Blüten!
  Als ob es noch etwas
Zu beweisen gäbe.

Vogelperspektive
- Die Rheinschlucht

Ein Flügelschlag hat
  Schon einmal
Hier alles verändert.

<u>Septembernebel</u>
- Tenna

Es gibt Tage
An denen weisser Nebel
Wie ausgestreckte Finger
Fragend um die Häuser streift
Und dann ist es nicht mehr wichtig

Wege oder Zeiten zu erkennen
Und ohnehin
Gibt es keine Sonnenuhren
Und der Nebel zieht noch durchs Dorf
Wie eine heimatlose Seele

Es gibt Tage
An denen die Herbstzeitlosen
Ihre Augen geschlossen halten obwohl
Auf breiten Halmen prächtige Wasserjuwelen
Einzeln zu bewundern sind

Da gehören die Wälder
Wieder den Tieren
Und die steilen Hänge
Rutschen leise und unbemerkt
Ein weiteres Stück hinunter ins Tal

Es sind Stunden
Ohne Konturen
Wo selbst der Kirchturm-
Wetterhahn unerwartet verloren
Und verunsichert wirkt

Denn immer klarer wird
Dass nichts versprochen werden kann
Und da diese Tage
Unwiederbringlich sind
Bleiben nur noch Dankbarkeit und Staunen

<u>Herbstlied des Jägers</u>

Komm mit mir! Ich lege Dir
Einen Rehbock gleich zu Füssen.
Früh ging ich heut auf die Jagd,
Träumte schon von Deinen Küssen.

Pilze hab ich auch gesammelt,
Obst geb ich Dir in die Hand -
Süsse Trauben hab ich viel; mein
Garten liegt am Waldesrand.

Trinken wir vom roten Wein!
Schau, die Nächte werden länger,
Meine Hütte schützt uns zwei.
Holz genug gibt's für den Winter!

<u>*Nachklang*</u>

Es glitzert der Tau,
Rostbraun sind die Blätter;
Zugvögel verlassen
Die rauschenden Wälder.

Ihr Täler, lebt wohl!
Ihr sonnigen Weiden!
Der Sommer ist hin,
Der Dichter muss scheiden.

Veduten IV, 2014

**Bilder und Augenblicke
im Berner Oberland
und rund um den Vierwaldstättersee**

Spaziergang im Wald

Ankunft in Iseltwald

Voll abgesteckt

Zigeunerin am Brunnen

Skizzen

Im alten Kurhaus

Traumschiff Lötschberg

Parade der alten Damen

"Fish-Cat"

Die kleinen Bahnhofbufetts

Führung durch die Beatushöhlen

Heimkehr

Nachklang

<u>Spaziergang im Wald</u>
- Bei Iseltwald am Brienzersee

Mitten im Wald, geschützt am Hang,
Mit Mauern stark und festem Dach,
Steht noch das Haus, gar wohlbestellt,
Aus Stein und dunklem Holz gemacht.

Ringsum gab's Platz für Katz und Vieh -
Die kleine Lichtung reichte schon.
In Gold getauchte Schmetterlinge
Tanzten den warmen Sommer lang.

Bis einmal doch der Bagger kam,
Zu graben für die Autobahn.
Voll Schreck lief weg die letzte Maus;
Und über Nacht verstarb das Haus.

<u>Ankunft in Iseltwald</u>
- Am 30. April 2014

Es ist der gleiche Zauber, der mich wieder
Gefangen hält. Geruch vom Holz im Zimmer,
Der Blick vom Fenster auf den See, die Wiese;
Geräusch der Wellen, kühle Abendbrise.

Hartnäckig hängt noch Nebel in den Bäumen.
Das Wasser ist unruhig, voll Schaumkronen.
Ob Schnee, ob Sonne, ist wohl bald entschieden -
Im Garten blüht in voller Pracht der Flieder.

Es heisst doch Abschied nehmen von dem alten
Zauber; es war nicht möglich, ihn zu halten.
Der Schlüssel klemmt, der Weg führt nicht zurück,
Egal wie gross die Trauer, gross das Glück.

Und meine Augen werden nun der Rahmen
Für neue Bilder, frisch gemischte Farben.

- Sonett -

<u>Voll abgesteckt</u>
- Bauwahnsinn am Ufer, Vierwaldstättersee *

Abstecken, was das Zeug nur hält,
Abstecken, bis es nicht mehr geht!

Abstecken, um zu betonieren,
Und um Geld nicht zu verlieren!

Abstecken, bis die Herzen bluten;
Abstecken, bis die Tränen fluten.

Abstecken um die Wetten!
Stecken - verrecken.

sowie in der ganzen Schweiz

Zigeunerin am Brunnen
- Interlaken

Verlockend in der Junihitze,
Fand ich einen hübschen Brunnen,
Und ich freute mich am Glitzern
Tausend kühler Wasserperlen.

Insekten summten, Vögel sangen;
Mir erschien die Welt so heiter.
Plötzlich sah ich dunkle Augen -
Die Zigeunerin war da!

Wollte mir die Zukunft sagen,
Wollte Silbermünzen haben.
Doch ich winkte "Alles Gute!",
Denn dass ich sterbe - das ist sicher.

Baustopp am Bürgenstock
- Skyline vom See aus

Nun stehen die Kräne
    Endgültig enttarnt
Als blosse Damoklesschwerter da.

Ballenberg

Hol mir den Mann, der
    Den Fluch der Plastikgötter
Über uns brachte!

Küssnacht am Rigi, Regentag
- Bauwahnsinn am Hang

Es sind die Bauernhöfe, die
    Deplatziert wirken. Da helfen
Die dicksten Wolken nicht.

Blicke
- Betonbauten um Brunnen

Wenn Blicke ausradieren könnten -
    Ja dann, dann
Täte ich sie gerne anschauen.

Autobahn oberhalb von Beckenried

A Mords-Tuusigfüessler!
    Leider
Inzwischen versteinert.

Giessbachfälle

Wie leicht die Gischt
    Auf meiner Hand - wie tödlich
In der Masse!

<u>Im alten Kurhaus</u>
- Giessbach

O nein, mach diese Türe noch nicht auf!
Hörst Du vornehme Stimmen, leises Plaudern?
Diskret das Lachen; Seidenkleider rauschen.
Du hältst den Spazierstock mit Silberknauf.

Ich trage einen Hut mit Federschmuck.
Beringte Finger spielen am Klavier
Walzer von Chopin. Tee gibt's um halb vier;
Dann blättern wir im schönen Reisebuch.

Das war erst gestern - rasch das Bild zerfliesst!
Wir tanzen auf vertrautem Holzparkett
Und sitzen manchmal abends beim Bankett …
Man sieht uns nur, wenn man die Augen schliesst.

Denn diese Zeiten haben uns gehört
Und wehe dem, der hier die Geister stört.

- Sonett -

Traumschiff Lötschberg
- 100-jähriger Raddampfer auf dem Brienzersee

Lichtgrün, mit Gold verziert, die Königin
Des Brienzersees ist aus dem Traum erwacht.
Von Heck bis Bug, vom Rad bis zum Kamin -
Kein flüchtiger Blick erfasst die ganze Pracht.

Altrosa, pfirsichfarben, gelb und weiss
Erstrahlen Seidenblumen im Salon.
Es glänzen Kupfer, Messing, Stahl; viel Fleiss
Und Liebe stecken im geschnitzten Holz.

Edle Krone, Zeugin der Belle Epoque!
Vereint sind Kraft und Eleganz; das Schiff
Verspricht zugleich Abenteuer und Glück.
Nun legt sie ab und grüsst mit munterem Pfiff

Und gleitet in die Ferne, traumerfüllt,
Gefangen in ihrem eigenen Spiegelbild.

- Sonett -

Dem Schiff zum Geburtstag

Parade der alten Damen
- Muttertag in Iseltwald

Die Ältesten gehen schon gestützt
    Von Söhnen, Töchtern, Enkeln;
Adrett frisiert, herausgeputzt,
    Mit Blumen in den Händen.

Sie lächeln, Freude im Gesicht,
    Gemischt mit Bange, Sorge.
Dankbar zu sein ist heute Pflicht -
    Sie müssen auch gehorchen.

Im Restaurant werden sie traktiert
    Mit "Nimm den *grossen* Teller!",
Und nachher werden sie ausgeführt
    Zum Spaziergang bei schönem Wetter.

Den ganzen Tag, im ganzen Dorf,
    Parade der alten Damen.
Die besten Kleider haben sie an,
    Man kennt sie noch beim Namen.

Zerbrechlich ist der Muttertag -
    Er muss ja doch gelingen!
Von A bis Z so gut geplant
    Aus Pflicht, oder aus Liebe.

Für manche ist's das letzte Mal,
    Dass alle beisammensitzen.
Dann bleiben Blumen auf dem Grab
    Und Bilder als Erinnerung.

<u>"Fish-Cat"</u>
- Rotweisse Katze beim Restaurant Seegarten, Iseltwald

Fish-Cat sitzt
Und wartet artig
Vor der Küche
Um halb sieben.

Fish-Cat grinst
Ganz eigenartig,
Wenn die frischen
Fische zischen

In der Pfanne!
Und grossartig
Schmecken dann die
Besten Bissen!

Die kleinen Bahnhofbufetts

Früher verweilte man am Bahnhof -
  Gern oder auch ungerne.
Es gab noch Zeit zum Nachdenken -
  Die Zeit war immer da.

Die Bufetts sind am Aussterben,
  Ein Zeichen nur der "Zeit".
Die Rastlosigkeit des Lebens
  Katapultiert uns in den Tod.

Führung durch die Beatushöhlen
- Die Kapitänsgrotte

Hier darf sich jeder einmal etwas wünschen!
So einfach ginge alles in Erfüllung?
Zum Innehalten bleibt mir wenig Zeit;
Zu kurz ist der Moment, der Weg noch weit …

Es war ein Dampfschiffkapitän, der wollte
Den Höhlen die Geheimnisse entlocken,
Der staunend dann an dieser Stelle stand
Und hielt eine Laterne in der Hand …

Sein Mut wurde belohnt. Wir aber treten
Auf sicheren Pfaden. Des Wassers stetes
Tosen zieht auch die Seele in die Ferne -
Ein Traum ist dafür da, um wahr zu werden!

Doch wenn ich einen Wunsch noch offen hätte,
Hätt' ich wohl kein Vertrauen mehr zum Leben.

- Sonett -

<u>Heimkehr</u>
- Rückkehr nach Luzern

Nur ein Ziel auf allen Wegen,
Fest mein Fuss auf Brücken, Stegen;

Steine können mich nicht hindern,
Berge kann ich überwinden.

Tausend Meilen werd' ich gehen -
Ach! Ich will nichts andres sehen!

Stets hast Du mir Kraft gegeben,
Hoffnung, neuen Mut zum Leben;

Dieses Glück kann ich nicht teilen -
Bricht das Herz, um es zu heilen.

Erst hier kann ich ruhig schlafen,
Wie das Schiff im Heimathafen.

<u>*Nachklang*</u>

Es glitzert der Tau,
Schneekalt ist das Wasser;
Der Nebel sinkt tiefer,
Die Sonne wird blasser.

Ihr Seen, lebt wohl!
Ihr Matten und Weiden!
Der Sommer ist hin,
Der Dichter muss scheiden.

Veduten V, 2015

Bilder und Augenblicke
in den Kantonen Bern und Graubünden
sowie rund um den Vierwaldstättersee

Das Löwendenkmal

Abschied von Schernelz

Mittwochabends beim Stämpfli

Graubünden

Engstlensee

Klaglos

Der letzte Ziegenhirt

Engstlenalp

Blick auf Realp

Mon petit bateau

Skizzen

Platzregen an einem Sommerabend

An gewissen Tagen

Nachklang

ANHANG: Die letzte Reise

Das Löwendenkmal
- Am Nachhauseweg, Luzern

Spätabends kehrt bei Dir die Stille ein.
Das Wasser spielt vergnügt, zerbricht die Bilder,
Um gleich neue, noch schönere zu finden.
Am Tag bestaunt, bei Nacht bist Du allein.

Wer hat Dich heute alles schon besucht
Und blieb ein Photo lang - so kurz! - hier stehen,
Um Träume, Wünsche, vor Dir hinzulegen?
Für viele bist Du Reiseziel und Trost.

Doch stellst Du Schmerzen, Todesbange dar;
Der Kampf war blutig und Du hast verloren.
Deine Würde aber, aus Mut geboren,
Berührt uns mehr als jedes Siegestor!

Die treuen Vögel schlummern in den Bäumen,
Und endlich hast Du selber Zeit zum Träumen.

- Sonett -

Für Bernadette und Rattan von der "Lion Lodge" in der Zürichstrasse. 2011-2023 durfte ich dort immer auf ein Bett zählen!

Abschied von Schernelz

Flüchtig war mein Aufenthalt
Im verträumten Winzerdorf,
Und ich werde nicht mehr helfen
Bei der Weinlese beim Steiner.

Schnecke, Eidechse, lebt wohl!
Milan, kreis' noch in der Höh!
Hase, hüpfe durch die Reben -
Schlange, Du darfst auch nicht fehlen!

Jeder Tag war ein Geschenk,
Wegweisend war jede Stund';
Denn die Trauben werden reifen,
Und die Welt - sie dreht sich weiter.

<u>Mittwochabends beim Stämpfli</u>
- Weinkeller in Schernelz

Der alte Kater ist total verschmust
Und hat sich in Ekstasen aufgelöst.
Doch sammelt er sich bloss, kurz vor der Jagd;
Wir aber ruhn uns aus nach Tagesplag.

Es treffen noch vertraute Gesichter ein,
Die kleine Runde sitzt bei Brot und Wein.
Um uns die Fässer und andres Gerät,
Der Keller mit Andenken übersät …

Den jungen Winzer, Flasche in der Hand,
Seh ich als graues Photo an der Wand -
Und mir wird klar, wir trinken gar so leicht
Nur dank jahrzehntelanger Schwerstarbeit.

Die Sonne sinkt, die Abendbrise weht,
Und später wird vom Grossvater erzählt …

- Sonett -

<u>Graubünden</u>
- *Miu cor, tgei aunc empiaras?*
- Mein Herz, was ersehnst Du noch?

Graubünden! Ach, welch Gott hat Dich erdacht?
Mein Leben reicht nicht aus, Dich anzuschauen.
Geheimnisse verhüllen Dein Gesicht,
Du kleidest Dich in tausend Pastellfarben.

Wie leicht sind Licht und Luft, wie klar mein Weg -
Das allerletzte Tal möcht' ich entdecken!
Längst hat der Klang des Rheins mein Ohr geprägt,
Und meine Seele ruht in Deinen Wäldern.

Denn wo die Dunkelheit am tiefsten ist,
Erlebe ich die Fülle Deiner Sterne,
Erahne erst, wie schön Du wirklich bist.
Unmöglich, Dich so spät kennenzulernen!

O sag, wie viele Jahre vor mir liegen
Und ob ich's wagen darf, Dich doch zu lieben!

- Sonett -

<u>Engstlensee</u>
- Impressionen an einem Augustabend

Schwarzes Auge, regloser See,
In greifbarer Nähe glänzt der Schnee.

Rauschen der Bäche, Kuhglockenklang,
Fischer kehrt heim mit reichem Fang.

Hart an der Baumgrenze, dünne Luft,
Lichtstrahl verschwindet in tiefe Kluft.

Unsichtbare Blumen, ungepflückt;
Schwarzer See, hast den Himmel verschluckt!

*Simon Immer, Hotel Engstlenalp, zum Geburtstag
gewidmet*

1850 m ü. M.

Klaglos
- Das geschlossene Hotel Hirschen, Meiringen

Manche schlafen friedlich ein
Wie betagte Gräfinnen
In voller Würde
Und das grüne Efeu umschlingt sie
Ein wenig zu fest

Denn sie werden nie wieder die Augen aufschlagen
Und kein Edelmann mehr
Erfreut sich an ihrem Charme
Eine Zeitlang
Halten liebende Geister Wache

Diejenigen
Die selber Schönheit in sich tragen
Und mit versöhntem Blick
Die Blessuren
Der Jahre übersehen

Während in den unvergessenen Räumen
Spinnen das Leichentuch weben
Zerbröckeln allmählich die Steine
Zerfallen die Balken
Klaglos und klagend zugleich

Jedoch
Der Abdruck von allem
Was einst gewesen ist
Bleibt unauslöschbar stehen
Im ewigen Bilderbuch der Zeit

<u>Der letzte Ziegenhirt</u>
- Erinnerung an Vitznau

Der alte Ziegenhirt - ob er noch lebt?
Ich brachte ihm am Abend oft ein Bier.
Stolz war er auf sein Alter - das liegt vier
Jahre zurück. Die neue Ära schwebt

Jetzt überm Dorf - es wird rasant gebaut.
Kaum hörbar pfeift die rote Rigibahn;
Noch dreimal ungeachtet kräht der Hahn.
Die Musse ist dahin, die Strasse laut,

Und Betonblöcke protzen in Glied und Reih …
Die Ziegenmilch hat mir so gut geschmeckt!
Doch sind die grünen Hänge ausgesteckt.
Die Welt der Ziegenhirten ist vorbei.

Wer Augen, Herz und Ohren hat, der hört:
Was hier gewesen ist - was hier zerstört.

- Sonett -

Engstlenalp

Hier, wo der Mensch nichts mehr zu sagen hat,
Wo jeder Eingriff nur vermessen wär,
Gibt einzig die Natur die Richtung vor,
Die es einzuhalten gilt. Fernab der Stadt

Ist Reichtum Wasser, Holz, Kühe und Milch.
Ist es Erkenntnis, die das Herz begehrt,
Heisst es dann horchen, was der Berg uns lehrt.
Und selbst der Tropfen Tau im Blumenkelch

Erzählt von einem Licht, das ewig ist;
Denn keine Kerze kommt den Sternen nah.
Und ist es schon zu spät? Oder wird's klar,
Just vor Ablauf des Lebens kurzer Frist,

Dass das, was man staunend in Händen hält
Der Schlüssel ist zu einer andren Welt?

- Sonett -

1834 m ü. M.

<u>Blick auf Realp</u>
- Mit dem Postauto von der Furkastrasse her kommend

Das kann ja nur ein Trugbild sein,
Das schmucke Dorf, die Häuser fein -
Ein Edelstein auf grünem Samt,
Der Himmel blau wie hingemalt!

Die Kühe sind perfekt platziert,
Die Bäume richtig dimensioniert.
Die Spielzeug-Eisenbahn glänzt rot,
Und da - die hübsche Kirche thront!

Wir fuhren durch mit "Tü-ta-to",
Und kein Mensch stand am Strassenrand.
Es konnte nur ein Trugbild sein,
Das schmucke Dorf, die Häuser fein …

Mon petit bateau
- DS Neuchâtel, Abendrundfahrt im Juni

Heiss war der Tag,
Schwer das Gepäck,
Sanft schaukelnd das Schiff, schön
Im gleissenden Licht.

Strahlend in Weiss,
Rot, Schwarz und Gold,
Betörend, beschwörend
Im Spiegel des Sees.

   Mon cher petit bateau,
   Mon cher petit bateau.

Steigen wir ein?
Legen wir ab!
Geborgen, getragen
Im Rhythmus der Räder.

Sorgen adé!
Kühlend der Wind.
Verzaubert, verwandelt
Wird auch jedes Kind.

   Mon cher petit bateau,
   Tu sais, tu comprends.

Kurz war die Stund' -
Lang war die Reise.
Erleichtert, erheitert
Nach Auszeit im Glück!

   Mon cher petit bateau,
   Je ne t'oublierai jamais.

- Berceuse -

Im "Pickwick", Luzern
- An meinen Bruder

Wir haben niemals daran gezweifelt,
   Dass es einen Morgen gibt.
Und das war richtig so.

Noch mehr Tunnels
- Gotthard, Grimsel …

Bald fällt das Land in sich
   Zusammen - wie das Kartenhaus,
Das es geworden ist.

Schnellstrasse in Graubünden

Um zu verbinden,
   Hat man grausamst
Durchtrennt.

Betonblöcke hinter Ennetbürgen
- Vom Schiff aus gesehen

Ein unaufhaltsam um sich
   Fressendes Etwas
Auf gesundem Fleisch.

Gigantische Felsbrocken, Engstlenalp

Verlassener
   Spielplatz unsichtbarer
Riesen.

Platzregen an einem Sommerabend
- Das Haus zum Schwarzen Bären, Chur

Regen - plötzlich, kalt und schwer -
Regen fegt die Plätze leer.
Schatten springen von der Wand;
Um die Ecke streicht der Bär.

Er war sonst ins Bild verbannt!
Jetzt die Stunde rinnt wie Sand;
Denn die Tropfen fallen schnell,
Sind nicht greifbar mit der Hand.

In der Kupfergasse hell
Glänzt noch kurz das Bärenfell;
Doch die Raben sind auch da -
Störche, Mönch, Metzgergesell.

In der Goldgasse, ein Narr
Tanzt in Pfützen sonderbar;
Blattgold leuchtet im Gesicht,
Diamantenbruch im Haar.

Doch der Bär fürchtet das Licht
Und obwohl ich folge dicht,
Schwindet er ins Bärenloch.
Spuren hinterlässt er nicht.

Langsam lässt der Regen nach;
Auf der Erde liegen brach
All die bunten Prismen - drin
Seh ich die Figuren noch …

Rasch! Sperrt zu das Obertor!
Lockt mit Honig mir den Bär!
Doch - sie sind nie wirklich fort.
Zauberspiel von Zeit und Ort!

An gewissen Tagen

Silberschiff auf Silbersee,
Ringsherum die Silberstadt.
Silberschwan am Silberquai,
Und das Licht ist silbersatt.

Sanft die Silbersonne scheint
An gewissen Tagen nur.
Scherenschnitte, silberleicht -
Ganz Luzern ist Silber pur.

<u>Nachklang</u>

Eiskalt ist der See,
Abschreckend die Hänge;
Der Wind heult wie Wölfe
Durch furchtbare Täler.

Ihr Gipfel, lebt wohl!
Ihr frostharten Weiden!
Der Sommer ist hin,
Der Dichter muss scheiden.

<u>ANHANG zu Veduten V</u>
- Für meinen Bruder -

<u>Die letzte Reise</u>
- Bahnhofplatz am Abend

Es wird bald wieder Määs sein in Luzern.
Die Bäume haben sich herbstlich verfärbt.
Altweibersommer liegt längst in der Luft;
Klagen der Möwen und Maroniduft.

Und wenn ich tausendmal zum Bahnhof geh,
Könntest Du einmal einfach vor mir stehn?
In meinen Augen brennen Tränen, herbe;
Begreife nicht, warum ich noch nicht sterbe.

Beim Brunnen drüben steht der letzte Bus -
Und so wie damals wartet er auf uns!
Mein Blick stimmt also, wie in einem Reim;
Die Bürgenstocklichter leuchten uns heim!

Und Bild für Bild dreh ich die Zeit zurück,
Betrachte all die Stunden voller Glück …

- Sonett -

Über dieses Buch

Da diese Ausgabe in erster Linie für meine Schweizer Leser gedacht ist, wird eine Rechtschreibung ohne "ß" verwendet. Es lassen sich auch weitere Helvetismen finden. Die Gedichte widerspiegeln meine unmittelbaren Beobachtungen und Einfälle vor Ort. Manche sind absichtlich ohne Reim und Metrum oder brechen herkömmliche Regeln. Die Sonette variieren die Form des klassischen Sonetts nach Shakespeare.

Ab 2011 arbeitete ich in den Sommermonaten wieder als Serviertochter in verschiedenen Orten in der Schweiz und unternahm viele Reisen durch das schöne Land. Die Gedichte erscheinen hier in der chronologischen Reihenfolge ihres Fertigstellungsdatums. Manche sind zwar besser verständlich, wenn man die Schweiz kennt. Gerne aber teile ich mit allen Weggefährten und durchs Leben Reisenden meine Gedanken über Leben und Tod, über Ankunft und Abschied.

Über die Autorin

Maggie Pemberton wurde 1954 in Tunbridge Wells in der Grafschaft Kent, Südengland geboren. 1973 ging sie an das Londoner Konservatorium *Royal College of Music* (Stipendiatin), wo sie drei Jahre studierte und den akademischen Grad G.R.S.M. (Graduate of the Royal Schools of Music) erhielt. Ihre Instrumentalfächer waren Orgel, Gesang und Geige, ferner spielte sie Blockflöte und Gitarre und eine Zeitlang Klarinette. Danach arbeitete sie weiter als Musiklehrerin und Kirchenmusikerin in Kent.

1977-1982 lebte sie in Oxford, wo sie für *Blackwell's Music Shop* arbeitete, Lyrik auf Englisch schrieb und als Sopranistin mit Schwerpunkt "Early Music" auftrat. Ab 1982 arbeitete sie in Luzern und Kastanienbaum als Serviertochter. Sie absolvierte eine Grundausbildung beim *Schweizer Wirteverband* (jetzt *GastroSuisse*) mit Prüfungen in Davos-Laret sowie einen Kurs zum Chef de Service bei *Theo Blättlers Spezialfachschule*, Luzern.

Seit 1984 lebt sie in München, wo sie als Ballettpianistin, Bühnentänzerin, Kostümschneiderin, Buchhändlerin, zweisprachige Patentanwaltssekretärin und PR-Dame tätig war. Derzeit arbeitet sie hauptsächlich als freiberufliche Englischlehrerin, Übersetzerin und Kirchenmusikerin und schreibt weiterhin gelegentlich Artikel und CD-Rezensionen auf Deutsch und Englisch.

Seit 2003 verbringt Maggie einen Teil des Jahres in Wien und seit 2011 meist Sommer und Herbst in der Schweiz, wo sie an den "Veduten" schreibt. Seit vielen Jahren schreibt sie Lyrik auch in deutscher Sprache. Sie spricht und lernt Sursilvan (Rätoromanisch) sowie Afrikaans.

www.MagdalenMaryPemberton.de
YouTube: https://www.youtube.com/@magdalenmarypemberton6054
Mitgliedschaften::
www.dampfschiff.ch   www.lsvv.ch
www.hotelgastrounion.ch www.quartalingua.ch